AF534598

EDITION OSHO

Titel der englischen Originalausgabe:

What is Meditation?

Einige dieser Texte sind 1971 in dem Buch „Der Freund“ veröffentlicht worden.

1. Auflage 2021

Umschlaggestaltung: Bunda S. Watermeier, www.watermeier.net

Übersetzung: Nirvano Spohr

Druck: CPI books, Leck

Printed in Germany

ISBN 978-3-947508-50-1

LAUSCHE DER STILLE

OSHO

INHALT

MEDITATION STELLT NIEMALS FRAGEN, BEANTWORTET SIE ABER.

1 | MEDITATION IST DIE ANTWORT

Der Verstand hat Fragen zu stellen.
Aber nur Fragen – die er nie beantwortet!

Und das kann er auch gar nicht.
Das überfordert ihn.
Dazu ist er nicht da.
Das ist nicht seine Aufgabe.

Doch er versucht es zumindest.
Und das Ergebnis ist der Schlamassel namens Philosophie!

Meditation stellt niemals Fragen. beantwortet sie aber.

Sie *ist* die Antwort.
Denn sie ist *das Leben*.
Denn sie ist die Existenz.

Frage, und du bekommst keine Antwort.
Frage nicht, *und du bist die Antwort.*

Aber warum ist das so?
Das ist so,
weil das fragende Bewusstsein – das Denken –
verwirrt ist
und das fraglose Bewusstsein – das Nichtdenken –
schweigend und still in seinem Sosein ruht.

Philosophie beruht auf Fragen.
Und Religion auf dem fraglosen Bewusstsein.

Logik führt zur Philosophie.
Und Meditation führt zur Religion.

2 | DIE KUNST DER MEDITATION

Meditation kann nicht unmittelbar gelehrt werden,
da sie keine mechanische Technik,
sondern eine lebendige Kunst ist.

Dogo hatte einen Schüler namens Soshin.
Soshin wartete lange darauf,
dass sein Meister ihn die Kunst der Meditation lehre.
Er erwartete eine Art Schulunterricht.
Doch er bekam keine speziellen Lektionen;
und dies verwirrte und enttäuschte den Schüler.

Eines Tages sagte er zum Meister:
„Ich bin schon so lange hier,
doch bisher ist noch kein Wort darüber gefallen,
was Meditation ist."

Darüber lachte Dogo schallend und sagte:
„Was redest du da, mein Junge? Ich mache nichts weiter,
als dir genau das beizubringen!"

Da war der arme Schüler erst recht verwirrt,
und für eine Weile fiel ihm nichts mehr dazu ein.
Bis er eines Tages den Mut fand nachzuhaken:
„Was genau hast du mir beigebracht, Herr?"

Dogo sagte:
„Wenn du mir morgens eine Tasse Tee bringst,
nehme ich sie an; wenn du mir eine Mahlzeit zubereitest,
danke ich dir, und wenn du dich vor mir verbeugst,
nicke ich dir zu. Wie sonst stellst du dir
Meditationsunterricht vor?"

Soshin ließ den Kopf hängen und grübelte
über die rätselhaften Worte des Meisters.

Doch der Meister fügte hinzu:
„Wenn du es erkennen willst, tu's jetzt, sofort.
Denn wenn du erst anfängst zu grübeln,
verstehst du alles nur falsch."

3 | ABSTAND

Sieh her: Dies ist ein Stück weißes Papier,
mit einer Zeichnung darauf.
Du kannst es als ein Stück Papier oder
als eine Zeichnung betrachten.
Oder: Lausche der Stille, in einer Sonate –
du kannst auf die Stille oder die Musik achten.
Oder: Stell dir das Innere eines Gebäudes vor –
du kannst auf sein Inneres oder seine Architektur achten.
Oder: Stell dir ein leeres Haus vor –
du kannst auf die Wände oder die Leere achten.

Wenn du auf die Zeichnung, das Gebäude,
die Sonate und die Mauern achtest, bist du im Verstand.

Aber wenn du auf das weiße Papier –
oder die Stille oder das Innere oder die Leere achtest,
bist du in Meditation.

4 | MEDITATION HEISST LEBEN

Man muss zwar denken, aber das genügt nicht.
Man muss auch zu *leben* verstehen.
Andernfalls wird man wie der Philosoph,
von dem Kierkegaard spricht,
der sich einen edlen Palast baut,
aber nicht darin wohnen darf.
Er selber haust in einem Schuppen daneben –
mit Blick auf das, was er für andere gebaut hat –,
statt für sich selber.

Meditation heißt nicht Denken, sondern Leben.
du musst sie täglich – von Augenblick zu Augenblick – leben;
lebe in ihr oder lass sie in dir leben.
Sie ist aber auch nichts Jenseitiges –
denn solche Unterscheidungen kommen aus dem Verstand –
sie sind spekulativ und nicht existenziell.
Aber Meditation ist existenziell.
Sie ist nichts weiter als deine eigene Alltagserfahrung –
rückhaltlos gelebt.

Wenn Menzius sagt:
„Die Wahrheit ist ganz nah,
doch alle suchen sie in weiter Ferne" – meint er *dies*.
Oder wenn Tokusan auf die Frage,
was Meditation sei, erwidert:
„Iss, wenn du Hunger hast,
trink, wenn du Durst hast,
und begrüße einen Freund, wenn du ihn triffst"–,
meint er *dies*.
Oder wenn Ho Koji singt:
„Was für ein Wunder! Was für ein Mysterium –
ich schleppe Brennholz, ich hole Wasser!",
meint er ebenfalls *dies*.

Und wenn du bei mir bist, meine ich,
egal was ich sage, nur *dies*.
Oder: Auch wenn ich nichts sage –
meine ich ebenfalls immer nur *dies*.

5 | ERKENNE DICH – SO WIE DU BIST

Der Mensch ist ein Nimmersatt.
Denn er begehrt, ohne sich selber zu kennen.
Und er begehrt, etwas zu werden,
ohne sein Innerstes zu kennen.
Dies ist absurd.

Erst muss man sein Innerstes kennen.
Sonst wird alles zur Qual.
Werden ist eine Qual.
Denn zwischen dem, was ist,
und dem Wunschbild besteht eine ständige Spannung.
Und auch ein unmögliches Verlangen.
Denn möglich ist nur, *was ist*.

Also, erkenne dich – so wie du bist.
Ohne jegliche Ideale, ohne dich zu beurteilen
und ohne alle Selbstverurteilung.

Gehe tief in dich,
ohne dich nach irgendwelchen Zielen zu sehnen.
Denn nur dann kann man sich selbst erkennen.

Entdecke dich selbst – so wie du bist,
egal was andere sagen.
Entdecke, was da ist, in seiner totalen Nacktheit.
In seiner totalen Authentizität.

Registriere es einfach nur.
Und dann ist das Leben ein völlig anderes:
Dann kann man loslassen.

Dann ist man total entspannt.
Und nur wer entspannt ist, blüht auf,
und ist gesegnet.

6 | MACH DIR DEINE MASKEN BEWUSST

John Burroughs erinnert sich:

„Eines Tages erlegte mein Junge eine Ente,
die ein alter Jäger eine „Scheinente" nannte:
Sie sah aus wie eine Ente,
sie verhielt sich wie eine Ente,
aber als sie auf den Tisch kam – hat sie uns reingelegt!

Denk daran:
Unterscheide glasklar zwischen deinem Selbst
und deinen Rollenspielen – deinen Masken.
Andernfalls werden sie dich allesamt reinlegen.

7 | EIN UND DIESELBE MEDAILLE

Ohne Ego kann man weder Schmerz
noch Lust empfinden.
Und umgekehrt:
Ohne die Empfindung von Schmerz
und Lust existiert kein Ego.

Im Grunde sind das nur die zwei Seiten
ein und derselben Medaille.

Der Name der Medaille ist Dummheit.
Mach dir das klar.
Und bekämpfe das Ego genauso wenig,
wie Schmerz und Lust.
Denn die können erst verschwinden,
wenn keine Dummheit mehr da ist.
Dummheit ist nämlich nur die Abwesenheit von etwas:
Die Abwesenheit deines Selbst.

Behalte also deine Dummheit im Auge.
Beobachte sie.
Und dann bist nur noch du da –
und weit und breit keine Dummheit mehr.

Denn *du* und *Dummheit* können nicht
gleichzeitig existieren –
so wenig wie Licht und Dunkelheit.

Behalte deine Dummheit im Auge,

beobachte sie.

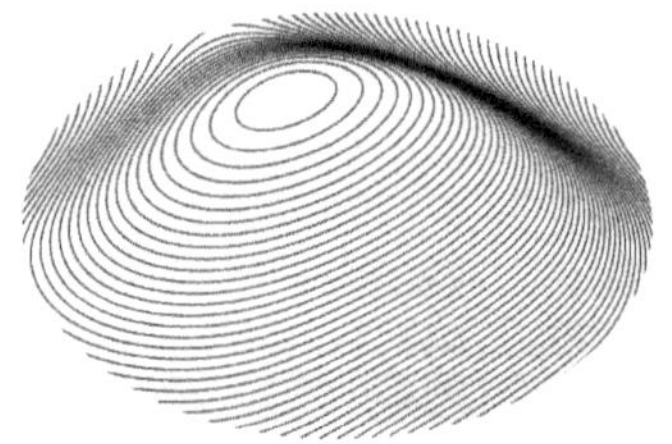

8 | DAS LEBEN WARTET NICHT

Das Leben fließt weiter.
Es wartet nicht.
Doch der Verstand denkt,
und das erfordert Zeit.
Das Existieren erfordert keine Zeit!
Aber das Denken erfordert Zeit!

In der Existenz gibt es tatsächlich keine Zeit.
Das scheint nur so –
dank dem Verstand und seinem Denken.

Die Existenz kennt keine Zeit,
sondern nur die Ewigkeit.
Sie existiert im ewigen *Jetzt*.
Es gibt weder Vergangenheit noch Zukunft,
sondern nur die Gegenwart.
Oder nicht einmal *die*.

Denn ohne Vergangenheit und Zukunft
ist es sinnlos, von Gegenwart zu sprechen!

Lebe nicht aus dem Verstand.
Sonst hinkst du immer hinterher.
Denn das Leben wartet nicht auf dich und
deinen angeblichen Verstand.
Darum meint der Verstand immer, ihm fehle etwas.
Weil ihm das Leben selbst fehlt, und zwar ständig!

Ein Meister sagte einmal zu seinen Schülern:
„Wer nur ein Wort spricht, der bekommt dreißig Stockhiebe.
Doch wer nichts sagt, bekommt ebenso viele Hiebe.

Nun – ich höre?"

Da trat ein Schüler vor,
und just als er sich verbeugen wollte,
schlug ihn der Meister.

Der Schüler protestierte:
„Weder habe ich ein Wort gesagt,
noch hast du mir den Mund verboten.
Wieso schlägst du mich?"

Der Meister lachte und sagte:
„Wenn ich abwarten würde,
ob du sprichst oder schweigst,
wäre es zu spät.

Und das Leben kann nicht warten."

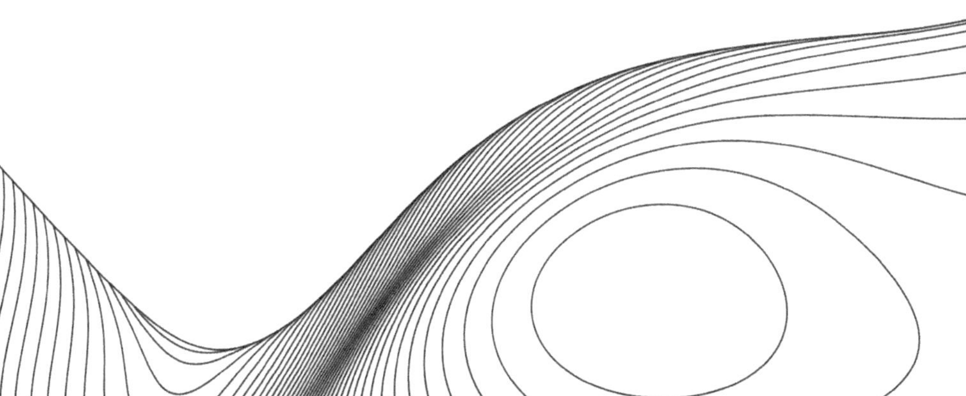

9 | IM REICH GOTTES WANDELN

Das Leben predigt.
Und die Existenz hat ihre eigene Art zu predigen.
Jedoch stets indirekt. und das ist das Schöne.
Ohne jede Absicht lehrt uns die natürliche Harmonie.
wie gut im Leben alles zusammenpasst.

Beobachte einem Vogel im Fluge,
und du fängst ganz von selber an zu meditieren.
Oder lausche seinem Lied,
und dein Herz wird ihm völlig absichtslos lauschen.

Und wenn keine Absicht dahinter steckt,
geht die Meditation tief –
plötzlich verwandelst du dich.

Und wer völlig absichtslos spazieren geht,
der wandelt im Reich Gottes.

10 | DAS LEBEN IST EWIGES WEITERFLIESSEN

Leben heißt Bewegung.
Nonstop.
Weiterfließen.

Ideen dagegen erstarren –
das macht sie lebensfeindlich:
Sie werden zu toten Hindernissen.

Wende dich ab von ihnen.
Geh weiter.
Und keine Angst vor Widersprüchen,
das Leben ist schließlich kein logischer Schluss.

Das Leben ist keine Theorie, sondern ein Mysterium.

Mulla Nasrudin wurde gefragt:
„Wie alt bist du, Mulla?"
„Vierzig."
„Aber das hast du mir doch schon
vor fünf Jahren gesagt!"
„Stimmt! Ich widerspreche mir halt nie
und stehe zu meinem Wort."

11 | MEDITATION BEDEUTET PASSIVITÄT

Ein Leben ohne Meditation
gleicht einer Winterlandschaft
mit unsichtbarer Sonne, erforenen Blumen,
und einem Wind, der durch welkes Laub pfeift.

Jeder kennt das, denn so leben alle.
Obwohl keiner so zu leben braucht.

Aber warum ist das so?

Das ist so, weil das Leben einen aktiven Verstand braucht
und Meditation Passivität bedeutet.
Wir halten uns zur Aktivität an und vergessen,
dass man ab und zu passiv sein muss:
Um Ekstase zu erleben, *um einfach nur zu existieren.*

Man muss innerlich absolut leer sein;
nur so kann man den göttlichen Gast empfangen.

12 | DEMUT

Auf die Frage, was die Seele der Meditation sei,
sprang Lin-Chi auf,
packte den Fragenden am Kragen,
ohrfeigte ihn und ließ ihn wieder los.
Natürlich war der Mann wie vom Donner gerührt.

Da lachte Lin-Chi und fragte ihn:
„Warum verbeugst du dich nicht?"
Da erwachte er aus seiner Benommenheit,
und wollte sich eben vor seinem Meister verbeugen,
als er seine erste Erfahrung von Meditation hatte!

Bitte lies dies wieder und wieder und wieder –
und wenn es dir nicht genauso ergeht,
dann ohrfeige dich, und dann lache
und verbeuge dich vor dir selbst.

Dann machst du dieselbe Erfahrung.
Garantiert!

13 | EINE WORTLOSE EXISTENZ

Das Wort ist nicht das Ding:
Das Wort *Gott* ist nicht Gott.
Aber der Verstand speichert immer Wörter
und Wörter und Wörter.
Und dann lähmen die Wörter dich.

Gib zu, dass es in dir so aussieht.
Kannst du *ohne Wort* etwas erkennen?
Kannst du *ohne Wort* etwas spüren?
Kannst du *ohne Wort* auch nur einen Moment lang leben?

Überleg nicht, sondern erkenne!
Dann wirst du in Meditation sein.
Wortlos zu existieren ist Meditation.

14 | SEI ALS WÄRST DU NICHT DA

Der Weg zur Meditation führt über dich selbst hinaus.
Er beginnt mit Selbstaufgabe.
Liefere dein Selbst deinem eigenen Nichtselbst aus.
Werde – nein *sei*, als wärst du nicht da!

Welch ein Segen,
wenn man alles dem Nichtselbst überlässt!
Buddha nannte dieses Phänomen
Anatma oder *Anatta* – Nichtselbst.

Man muss zur Marionette seines Nichtselbst werden.
Und dann fängt alles an, natürlich zu fließen.
Und spontan.
So wie ein Fluss zum Meer fließt,
oder wie eine Wolke am Himmel zieht.

Laotse nennt dies „Tun durch Nichttun".
Man ist nicht mehr sein eigener Herr
sondern wird zum Werkzeug des Unbekannten.

Und was für ein Unfug, sein eigener Herr sein zu wollen!
Denn wer kann das schon!
Suche nicht, und du wirst dir das weiter einreden.
Suche, und es wird nirgends zu finden sein.

Das Selbst existiert nur in Unwissenheit.
Es ist Unwissenheit.

Wer erkennt, hat kein Selbst,
denn es gibt keinen Erkennenden.
Dann ist reine Erkenntnis vollauf genug.

15 | FÜR DEN ACHTSAMEN GIBT ES KEIN SELBST

Du kannst deinem Selbst nicht entrinnen.
Wie könntest du auch, da du es ja selber bist?
Das ist, als wolltest du deinem eigenen Schatten entrinnen!
Du kannst dich noch so sehr anstrengen –
du wirst zwangsläufig scheitern.
Halt lieber inne und erkenne es.
Beobachte es. Nimm es wahr.

Stell dich deinem Schatten, und dann: Wo ist er?
Es hat ihn in Wirklichkeit nie gegeben.
Er ist *dein* Geschöpf –
dadurch erzeugt, du dich ihm nie gestellt hast.
Und dein Davonlaufen hat ihn gestärkt.

Wird es nicht langsam Zeit, damit aufzuhören?

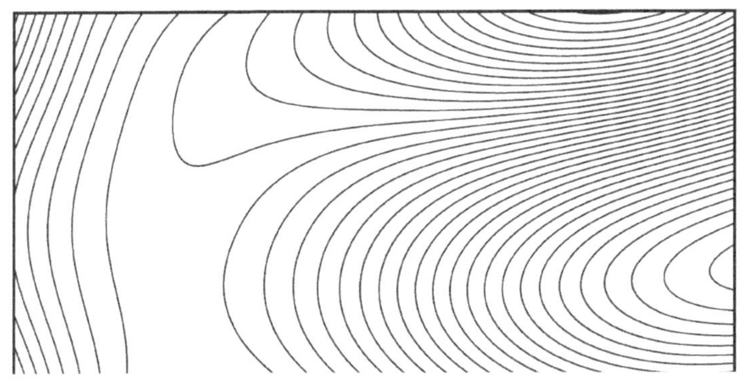

HALT INNE UND ERKENNE!

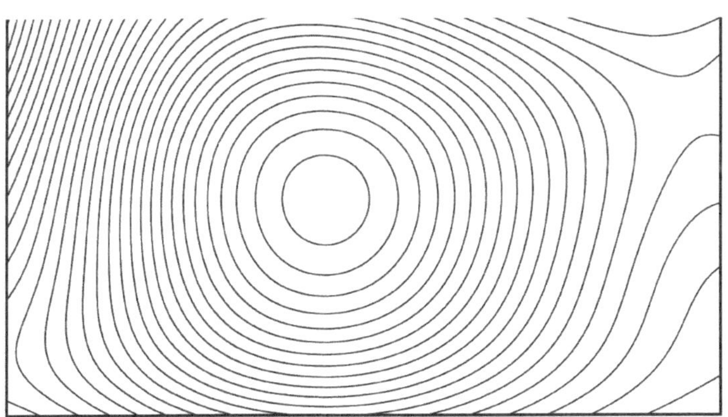

16 | DER TEUFELSKREIS DES BEGEHRENS

Ein Mönch fragte Daishu Ekai:
„Was ist Nirvana?"

Der Meister erwiderte:
„Großes *Nirvana* ist, sich nicht auf den Teufelskreis
von Geburt und Tod oder Lust und Schmerz einzulassen."

„Und was ist dann der Teufelskreis von
Geburt und Tod und Lust und Schmerz?"

Der Meister sagte:
„*Nirvana* zu begehren!"

Sei jetzt still und spüre,
was es heißt, *Nirvana* zu begehren.
Aber wohlgemerkt,
ich rate dir nicht, darüber nachzudenken.
Denn wer das tut, verfehlt es …

Spüre es.

Spüre es.

Spüre es.

17 | DER SPRUNG INS UNBEKANNTE

Ein Schüler von Rinzai
traf auf einer Brücke drei Männer.
Einer fragte ihn:
„Wie tief ist der Fluss der Meditation?"

„Finde es selber heraus", sagte er,
und bot dem Fragesteller an,
ihn von der Brücke zu werfen.
Leider aber suchte der Mann schnell
das Weite und floh vor ihm.

Wenn du so jemanden triffst,
der dich in den Fluss werfen kann,
dann schätze dich glücklich und lass es zu!

Und du *hast* so jemanden getroffen!
Jetzt lass es zu.

18 | ZEUGE SEIN

„Wie kann der Mensch sich selbst erkennen?",
fragt Goethe.
Und antwortet dann:
„Nicht indem er nachdenkt,
sondern nur indem er handelt."

John Burroughs bezweifelt das.
Er sagt: „Ist das nicht eine Halbwahrheit?
Denn wer handelt, aktiviert nur seine aktiven Kräfte,
seine geistigen Kräfte jedoch, indem er denkt."

Ich dagegen sage, dass der Mensch stets mehr ist,
als all sein Handeln und Denken.
Und wer dieses *Mehr* nicht erkennt,
wird niemals sich selbst erkennen.

Und dieses *Mehr* ist weder durch Handeln
noch durch Nachdenken zu erkennen.
Denn beides gehört zur Peripherie –
dies *Mehr* ist jedoch der ewige Kern.

Er ist nur zu erkennen,
indem man Zeuge sowohl seines Handelns
als auch seines Denkens wird:
Nicht *durch* sie,
sondern indem man Zeuge von beidem ist.

Und Zeuge sein heißt Meditieren.

19 | DIE RINGPARABEL

Meditation ist der Dietrich:
Sie öffnet die Türen zum Unendlichen.
Und sie entschlüsselt das Mysterium des Unbekannten.
Es bringt jedoch nichts,
den Schlüssel nur zu besitzen –
man muss ihn auch benutzen.

Idries Shah erzählt eine Derwischgeschichte:
Es war einmal ein weiser und steinreicher Mann,
der einen Sohn hatte. Er sagte zu ihm:
„Mein Sohn, nimm diesen Juwelenring.
Verwahre ihn gut – als Zeichen,
dass du mein Nachfolger bist,
und gib ihn deinen Nachkommen.
Er ist sehr wertvoll und wunderschön,
und er hat überdies die Gabe,
das Tor zum Reichtum zu öffnen."

Jahre später kam ein zweiter Sohn.
Als dieser alt genug war,
schenkte der Weise auch ihm einen Ring –
mit denselben Worten.
Und bei seinem dritten und letzten Sohn
wiederholte sich dasselbe.

Kaum war der Alte gestorben und seine Söhne erwachsen,
behauptete einer nach dem andern, sein Erbe zu sein,
da jeder einen dieser Ringe besaß.
Niemand konnte mit Sicherheit sagen,
welcher nun den Ausschlag gab.
Jeder Sohn hatte seine eigenen Anhänger,
und allen drei zufolge war der eigene Ring
der kostbarste und schönste.

Seltsamerweise aber blieb „das Tor zum Reichtum"
nicht nur allen drei Söhnen,
sondern auch ihren engsten Anhängern verschlossen.
Alle drei waren besessen von der Frage der Nachfolge,
vom Besitz des Ringes, seinem Wert und seiner Schönheit.
Kaum einer suchte die Tür zur väterlichen Schatzkammer …

Die Ringe hatten jedoch eine weitere magische Eigenschaft:
Sie waren zwar Schlüssel,
konnten die Tür zum Schatz aber nur dem öffnen,
der sie ohne Streit und übermäßige Selbstsucht sah.

Und die Kammer, die zu öffnen war,
war überhaupt nur dann zu orten,
wenn man den Umriss des Ringes andeutete.
Obendrein hatte der Schatz noch die Eigenschaft,
unerschöpflich zu sein.

Lange Zeit gaben die drei Gemeinden die drei Ringe
samt der Geschichte ihrer Vorfahren und
deren Fähigkeiten weiter – stets ein wenig abgewandelt.

Die erste Gemeinde behauptete,
den Schatz schon gefunden zu haben –
sie besaß ja den Schlüssel!
Für die zweite war er nur ein Symbol,
und damit tröstete man sich.
Und die dritte vertagte die Öffnung der Tür
auf den Sanktnimmerleinstag,
sodass es für sie zurzeit nichts zu tun gab!

Höchstwahrscheinlich gehörst auch du
einer dieser drei Gemeinden an;
denn jeder, der zu suchen beginnt,
läuft Gefahr, einer dieser drei auf den Leim zu gehen.

Dabei sind alle drei in Wirklichkeit
nur die Haupttricks des Verstandes,
um Meditation zu umgehen.

Also, Hände weg von solchen alten Tricks!

20 | DAS LEBEN IST EIN SPIEL

Die Existenz existiert nur
um ihrer selbst willen.
Das gilt auch für's Leben.
Es hat keinen Sinn über sich selbst hinaus.

Unterstelle ihm also keinen Sinn;
sonst wird es sinnlos für dich.
Es ist nicht sinnlos und kann es auch gar nicht sein –
da es keinerlei Sinn hat!

Jede Sinnsuche ist primitiv und abstoßend.
Denn sie entstammt dem menschlichen Nutzdenken.

Die Existenz ist einfach nur da.
Und das Leben ebenso.
Es beabsichtigt nichts.
Und es hat kein Ende.

Fühle das - hier und jetzt.

Übe es bitte nicht, denn das wäre Nutzdenken!

Sei spielerisch, nur dann geht dir auf,
wie spielerisch das All ist.
Und nur wer dies erkennt, ist religiös.

21 | DIE LEERE IN DIR

Wir lassen uns im Nirgendwo nieder.
Wir werden heimisch,
obwohl unser Bewusstsein
grundsätzlich heimatlos ist.

Ach, wir machen immerzu Dinge,
die unmöglich sind – und leiden dann.
Aber niemand anders ist verantwortlich.

Wir führen einen aussichtlosen Kampf mit der Leere.
Nicht, weil die Leere stärker ist als wir,
sondern weil es sie gar nicht gibt.

Steh jetzt auf und kämpfe
mit dem leeren Raum dieses Zimmers,
dann wirst du erkennen und
am eigenen Leib erfahren,
wie dumm der menschliche Verstand ist!

Dann setze dich wieder und lache dich aus.
Und während das Lachen verebbt,
schweig still und beobachte dein Inneres.
So lernst du ein tiefes Mysterium kennen:

Nämlich, dass es nicht nur da draußen,
sondern auch *in dir* drin leer ist!

22 | SEI FROH ÜBER DEINE UNSICHERHEIT

Es gibt keine Sicherheit im Leben.
Denn das Leben kann nicht anders als unsicher sein.

Darum wird man umso lebloser,
je mehr man sich absichert.

Der Tod gibt absolute Sicherheit.
Sei daher nie auf Sicherheit aus,
weil du dann auf den Tod aus bist.

Um rückhaltlos und ekstatisch zu leben,
ist keine Sicherheit nötig.
Sei froh über deine Unsicherheit.
Und wenn du sie akzeptierst,
dann stellst du fest, dass sie ihre eigene Schönheit hat.

Vor Mulla Nasrudins Grabmal
war ein gewaltiges Holztor aufgestellt worden –
sogar mit Vorhängeschloss!
Niemand kam rein, jedenfalls nicht durchs Tor.

Das war Mullas Abschiedsscherz:
Sein Grabmal solle keine Wände haben …
Ach – der letzte Wille Mullas ist das,
was alle ihrem Leben antun.
Unwissentlich!
Wenn du es auch so halten willst –
tu's wenigstens wissentlich.

Ich weiß nämlich, dass du das wissentlich nicht schaffst.
Nicht nur du – keiner schafft das.
Denn wer kann sich schon wissentlich so dumm anstellen!

23 | DAS LEBEN STEHT KOPF

Statt das Leben zu verstehen,
sollte man lieber versuchen den Tod zu verstehen,
denn nur dann offenbaren sich die Mysterien des Lebens.

Oder:
Nur wer aufhört zu denken,
erfährt die Wahrheit.
Oder:
Verliere keine Sicherheit,
dann gibt es auch keine Unsicherheit.

Bunan sagt in einem Gedicht:
„Sei schon zu Lebzeiten tot – sei absolut tot!
Und dann tu, was du willst, denn dann ist alles gut."

Alles auf dieser Welt steht Kopf.
Und wer meditiert,
muss alles wieder auf die Füße stellen.

24 | GEH IN DICH – FORSCHE

Takuan sagt:
In festem Eis kann man nicht baden.
Noch kann man mit gefrorenem Bewusstsein leben.
Und nichts anderes ist der Verstand.

Geh in dich und erforsche dich,
ohne irgendwen zu fragen.
Ignoriere die heiligen Schriften.

Geh in dich und finde es selbst heraus.
Denk nicht darüber nach, denn das ist absurd.

Wie kannst du gegen den Verstand andenken?
Denn egal zu welchem Schluss du kommst –
damit wird nur der Verstand gestärkt.

Denke nicht.
Denn Denken heißt Innehalten, Zögern und Gefrieren.
Die Krankheit heißt Denken.

Geh in dich und find es heraus – auf der Stelle.

Ein einziger Gedanke,
und du bist wieder im alten Gleis.
Ein einziger Gedanke, und du entfernst dich
so weit wie nur möglich vom Wirklichen

25 | DER VERSTAND KLAMMERT

Klammere dich an nichts, an keinerlei Vorstellung.
Denn alles, woran man sich klammert, versklavt einen –
erst recht die Vorstellung von Befreiung,
Moksha oder *Nirvana!*

Wer klammert kann nicht meditieren.
Denn es ist der Verstand der klammert, der versklavt.
Nicht zu klammern ist Meditation – Befreiung.

Folgende Sufigeschichte aus dem Buch Amu Daria:
„Es war einmal ein Affe, der auf Kirschen scharf war.
Eines Tages sah er eine pralle Kirsche und sprang vom Baum,
um sie sich zu holen. Doch leider schien sie in einer Glas-
flasche zu sein. Also musste er seine Hand in die
Flasche stecken, um an sie ranzukommen.
Kaum hatte er sie, erwies es sich,
dass er seine geballte Faust nicht herausbekam,
da sie nunmehr für den engen Flaschenhals zu groß war.

Er war nämlich auf einen Affenjäger hereingefallen,
der die Kirsche als Köder ausgelegt hatte.
Denn der wusste, wie Affen denken!
Als er den Affen wimmern hörte, kam er an,
und der Affe versuchte zu fliehen.
Da aber seine Hand, wie er glaubte,
in der Flasche feststeckte, konnte er zwar nicht fliehen.
tröstete sich aber damit, dass er immerhin die Kirsche hatte!
Der Jäger brauchte ihm also nur kräftig auf den Ellbogen
zu schlagen, damit sich seine Faust öffnete
und die Kirsche losließ.
Jetzt war der Affe zwar die Flasche los, aber ein Gefangener.
Kirsche und Flasche hatten ihren Zweck erfüllt,
und der Jäger konnte sie wiederverwenden!"

Wir denken genauso, wie dieser Affe.
Und wenn am Ende der Jäger kommt - der Tod -,
steckt jeder in seiner Flasche fest!

26 | WAGE DEN SPRUNG INS UNBEKANNTE

Der Verstand ist ein logischer Schlafwandler.
Er ernährt sich von Argumenten und Wörtern.
Du kannst dich ihm weder allmählich entziehen
noch logisch, noch rational.

Daher wage den Sprung – unlogisch und irrational.
Das ist ein Sprung zwangsläufig.
Er lässt sich weder kalkulieren noch vorstellen
noch vorhersagen.
Denn er führt ins Unbekannte,
ins Unkartierte und ins Unvorhersehbare.

Und letzten Endes nicht nur ins Unbekannte,
sondern auch ins Unerkennbare.

27 | PFEIF' AUF DAS DENKEN

Pfeif' auf das Denken.
Denn es ist der größte Aberglaube überhaupt.
Aber gut getarnt!
Denn es gibt vor, den Aberglauben zu bekämpfen.

Das Denken ist lediglich Staub in einem blinden Verstand.
Denn wie könnte man das Unbekannte *denken?*
Dabei hat man es ständig mit dem Unbekannten zu tun.
Das Unbekannte ist überall – innen wie außen.

Man denkt schließlich immer nur
im Bekannten und *ans* Bekannte.
Und das Bekannte führt nie zum Unbekannten.

Wirf also alles Bekannte weg
und nimm Tuchfühlung auf mit dem Unbekannten.
Und genau dies nenne ich Meditation.

28 | DAS DASEIN SELBST

Die neue Welt,
die sich in der Meditation offenbart,
kommt nicht von außen.
Sie ist schon immer dagewesen – in uns.
Sie ist das Dasein selbst.

Ob man es weiß oder nicht – sie ist da.
Natürlich nur in Form eines Saatkorns – als Potenzial.
Das braucht man nur zu verwirklichen, mehr nicht.

Das ist der Grund, warum man,
wenn sie sich offenbart, wenn sie aufblüht,
so unbändig lachen muss:
Sie ist ja seit jeher dagewesen, nur hat man es nie gewusst!

Wer sich um Meditation bemüht, ist wie ein Bildhauer.
So wie dieser eine Gestalt herausmeißelt,
die tief in einem Block lebloser Materie schlummert,
so transformiert der Meditierer
seine nie genutzten Anlagen zu lebendigen,
dynamischen und bewussten Schöpfungen.

Mit dem einzigen Unterschied,
dass der Schöpfer mit seiner Schöpfung
und seinen Werkzeugen identisch, also eins ist!

Denn der Meditierer selbst ist alles.
Und deshalb ist für mich Meditation die größte Kunst.

29 | DIE EXISTENZ IST UNENDLICH

Die Formen der Existenz sind endlich.
Alle Formen.
Eine Form zu haben, heißt im Grunde endlich zu sein.
Doch die Existenz ist unendlich.
Und Existenz heißt Formlosigkeit.
Darum kann sie sämtliche Formen annehmen.
Aber eine Form anzunehmen,
egal welche, heißt den Tod einzuladen.
Denn Form ist ein Todesurteil.

Existenz hingegen heißt ewiges Leben.
Identifiziere dich nicht mit der Form.
Denn damit erzeugst du Todesangst.
Überhaupt jegliche Angst.

Erinnere dich an die Formlosigkeit –
dann weißt du, was es heißt, unsterblich zu sein.
Denn du wirst es sein – *dann*.

30 | MEDITIERE ÜBER DIESES JENSEITS

Die Existenz möchte eigentlich nur spielen.
Doch was macht der Mensch in seinem Leben?
Kaum etwas anderes als arbeiten.
Und darum steht jetzt alles auf dem Kopf.
Daher diese Agonie.

Das Gesetz, das *Tao* des Universums ist Spiel - *Leela.*
Und das Gesetz des Verstandes des Menschen ist Arbeit.
Folglich ist sein A und O die Nützlichkeit.
Doch die Existenz existiert jenseits der Nützlichkeit.

Meditiere über dieses Jenseits,
und du wirst die Brücke finden.
Da du nicht ohne Arbeit leben kannst,
brauchst du sie dringend.
Und nur für die Arbeit zu leben,
ist unerträglich und unmöglich.

Der meditative Mensch arbeitet nur,
um spielen zu können –
sein Spiel beruht auf Arbeit.

Und der unmeditative Mensch spielt,
um arbeiten zu können,
Arbeit ist das Motiv für sein Spielen.

31 |

Liebe das Alleinsein.

Es ist der Tempel des Göttlichen.

Und vergiss nicht,

dass es keinen anderen Tempel gibt.

32 | AUS DEM INNERSTEN HERAUS VERSTEHEN

Ich habe keinerlei Lehrmeinung oder Philosophie.
Weder ein Begriffssystem noch intellektuelle Formeln.
Sondern lauter irrationale Tricks,
die dich ins Unbekannte stoßen können.

Alle Theorien oder Gedankensysteme sind mir egal.
Ich bediene mich jedoch gewisser existenzieller Situationen,
um dich ins Unbekannte zu werfen.

Intellektuelles Verständnis ist kein Verständnis,
sondern nur Einbildung.
Verstehen kann man immer nur das Ganze –
das Sein insgesamt.

Der Intellekt ist immer nur ein Teil –
und zudem ein unwesentlicher.
Auch wenn er sich als das Ganze aufspielt
und damit lauter Dummheiten verursacht.

Identifiziere dich nicht mit deinem Intellekt.
Lass ihn in deinem ganzen Sein aufgehen.

Und dann erkennst du, was Verstehen heißt,
und die Seligkeit und die Ekstase,
die dann zwangsläufig folgen.

WER EINS IST, DER SCHWEIGT.
DIES SCHWEIGEN IST JENSEITS VON RAUM UND ZEIT.

33 | OHNE MÜHE

Der Verstand ist zerstritten, immerzu.
Denn ohne diesen Streit kann der Verstand nicht existieren.
Durch Streit wird er gestärkt.

Selbst der Kampf gegen den Streit ist Streit.
Und wer den Verstand überwinden will, ist er selbst.
Erkenne dies tief und augenblicklich.
Und ohne Motiv.
So als tauche vor deinen Füßen eine Schlange auf –
und du springst!
Dann springst nicht du, sondern der Sprung geschieht.

Der Sprung geschieht spontan.
Ohne Mühe und ohne Streit.
Dann steht das Denken still.

UND DAS

NICHTDENKEN

IST DIE

TÜR ZUM

GÖTTLICHEN.

34 | KRISTALLISATION DURCH ACHTSAMKEIT

Du bist angespannt.
Vorsätzlich bewusst zu sein ist anstrengend.
Was aber nicht am Bewusstsein liegt –
sondern daran, dass es halbherzig ist.
Und hinter dem Bewusstsein immer das
sogenannte Unbewusste lauert.
Diese Situation strengt an.

Denn diese Situation ist zwiespältig – eine Dualität.
Daher die Anspannung.
Denn das *Sein* – das unteilbar ist – hat sich geteilt;
daher die Anspannung.
Die Unnatürlichkeit der Situation ist anstrengend –
wie jegliche Verspannung.

Man ist verspannt,
da man nicht mehr individuell ist, was unteilbar heißt,
und man sich erst wirklich entspannen kann,
wenn man *eins* ist.

Sei entweder ganz unbewusst –
wie im traumlosen, entspannten Tiefschlaf –,
oder ganz bewusst, und damit zutiefst gelassen.
Denn das Ganze kann niemals verspannt sein.
Darum ist was ganz (*whole*) ist, heilig (*holy*).

Aber in Tiefschlaf, in Trance zu verfallen,
ist auch keine Lösung des Problems, denn das ist flüchtig.
Bald wachst du wieder auf, und bist schlimmer dran.
Dann ist die Kluft zwischen Bewusstem und
Unbewusstem nicht zu überbrücken,
sondern verbreitert sich nur:
So wird man gespalten und schizophren.

Behalte also stets deinen Verstand im Auge, denn er liebt es,
sich mit lauter unbewussten Zuständen –
mit chemischen Drogen, Selbsthypnose
oder wie auch immer, zu trösten.

Beginne damit, dir alles bewusst zu machen,
was sich oft unbewusst in dir abspielt –
wie zum Beispiel Wut, Eifersucht oder Stolz.
Das wird dein Bewusstsein schärfen.

Handle bewusst.
Bleibe selbst bei Alltagsverrichtungen bewusst –
wie zum Beispiel beim Gehen, Essen oder Trinken –
dann wird sich dein Bewusstsein erweitern.

Beobachte dich beim Denken.
Registriere jeden Gedanken.
Bis irgendwann eine Explosion stattfindet,
die dich restlos bewusst macht,
sodass es kein Unbewusstes mehr gibt.

Und wenn dies geschieht, ist man *eins*.
Und wer eins ist, der schweigt.
Dies Schweigen ist jenseits von Raum und Zeit,
denn es ist jenseits von Dualität.

BEHALTE ALSO
STETS DEINEN
VERSTAND IM AUGE,
DENN ER LIEBT ES,
SICH MIT
UNBEWUSSTEN
ZUSTÄNDEN
ZU TRÖSTEN.

35 | ANSPANNUNG UND BLOCKADEN

Der Verstand ist die Verortung des Bewusstseins –
und das kann in jedem Körperteil verortet werden.
Wir verorten es gemeinhin im Kopf.

Andere Kulturen und verschollene Zivilisationen haben
aber auch andere Körperteile angeführt.
Und Lebewesen auf anderen Planeten verorten es woanders.
Egal in welchem Körperteil man das Bewusstsein
auch ansiedelt – dort verfestigt es sich.
Und sobald es nicht mehr so frei fließen kann, wie es muss,
ist es nicht mehr das eigentliche Bewusstsein.

Lass dein eigentliches Bewusstsein
den ganzen Körper ausfüllen.
Lass es durch dein ganzes Sein fließen –
und du wirst dich dermaßen lebendig fühlen,
wie es kein verortetes Bewusstsein jemals vermag.

Sobald das Bewusstsein verortet wird,
verspannt sich der betreffende Körperteil und erkrankt,
und der restliche Körper wird zu totem Ballast.

Ganz anders ein meditatives oder fließendes Bewusstsein.
Da verändert sich alles vollkommen anders:
Der ganze Körper wird lebendig, feinfühlig und achtsam.
Und daher gewichtslos.

Dann gibt es keinen Mittelpunkt mehr in dem sich
Verspannungen ansammeln können,
die nur zu festgefahrene Bewusstseinsblockaden führen.

Ein fließendes bewegliches Bewusstsein
spült sie immerzu fort, pausenlos.
Und nur wenn der ganze Körper lebendig ist,
vermag er nach und nach das kosmische Bewusstsein
ringsum zu erfahren.

Wie sollte ein vereistes Bewusstsein,
zudem in einem toten Körper,
das kosmische Bewusstsein spüren können?

36 | SCHAU DEM TOD IN DIE AUGEN

Wenn man dem Tod direkt in die Augen schaut,
wird das Leben authentischer.

Wir aber tun immer alles, um der Tatsache auszuweichen,
dass wir sterben müssen.

Und damit wird unser Leben oberflächlich und verlogen –
was schlimmer ist als der Tod.

Denn ein authentischer Tod hat seine eigene Schönheit.
Während ein Pseudoleben nur abstoßend ist.

Meditiere über den Tod –
denn du lernst das Leben nicht eher kennen,
als bis du dich dem Tod wirklich stellst.

Und er ist überall:
Wo Leben ist, ist auch der Tod.

Sie sind im Grunde die zwei Seiten ein
und derselben Erscheinung.

Wer dies verstanden hat, transzendiert beides.
Dann blüht das Bewusstsein vollends auf
und das Dasein wird zur Ekstase.

37 | ERHEITERE DICH!

Verstand ist Dualität. Und Meditation Einssein.

Die Zenmönche sagen: „Das *eine* Schwert."

Kurz bevor er gegen das übermächtige Heer Ashikaga Takanjis antrat, suchte Kusuniki Masashige ein Zenkloster auf und fragte den Meister:

„Wie soll man sich verhalten,
wenn man am Scheideweg von Leben und Tod steht?“

Der Meister erwiderte:

„Vergiss deinen Dualismus, erheitere dich und
erhebe ganz allein das *eine* Schwert zum Himmel!“

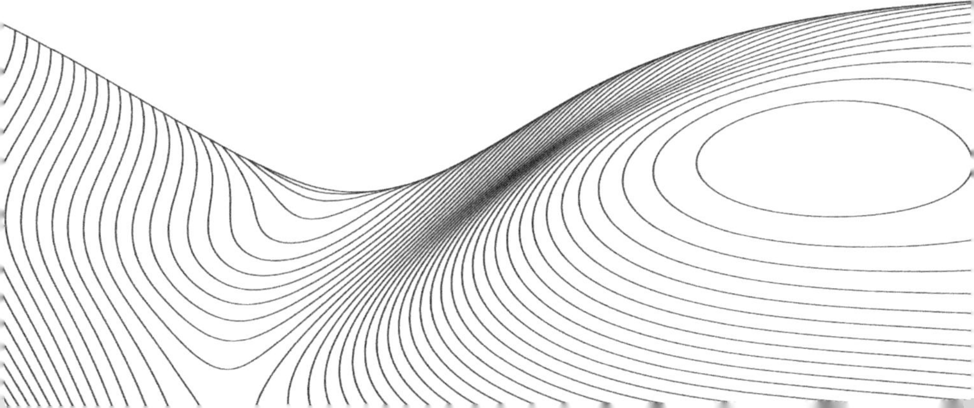

38 | SO WIE ES IST

Die Wahl zu haben,
ist die Urwurzel aller Verzweiflung.
Wähle, und du wählst immer die Hölle –
selbst wenn du den Himmel wählst!

Wer wählt schon die Hölle unmittelbar?
Und dennoch lebt jeder in der Hölle!
Wie abgefeimt!
Das Himmelstor öffnet sich zur Hölle!

Was also tun?

Überhaupt nichts.
Wenn du nämlich nichts tust,
gibst du dich mit allem zufrieden, so wie es ist.
Und hast dennoch an die richtige Tür geklopft,
ohne zu klopfen!

39 | GOTT IST STETS HIER UND JETZT

Der Mensch kann nur erkennen,
was Gott *nicht* ist.
Gott zu erkennen ist ausgeschlossen,
denn da fängt das Reich des Seins an.

Du kannst Gott zwar nicht erkennen,
wohl aber *sein*.
Und in dieser Dimension ist das die einzige Erkenntnis.
Jedoch unterscheidet sich diese Erkenntnis
von all unseren anderen Erkenntnissen.

Denn *diese* Erkenntnis setzt keinen Erkennenden voraus.
Auch nichts Erkanntes. Sondern nur Erkennen.

Deswegen sind Erkennen und Sein
in dieser Dimension dasselbe.

Dort gibt es noch nicht einmal Wissen.
Weil Wissen tot ist – und somit ein Ding.
Außerdem stammt Wissen immer aus der Vergangenheit.

Und Gott ist weder in der Vergangenheit
noch in der Zukunft.
Gott ist jetzt.Immer jetzt.
Und hier. Und immer hier.

Schließe die Augen und *sieh.*
Und dann öffne die Augen und *sieh.*

Und dann schließe weder die Augen noch öffne die Augen –
und *sieh.*

40 | DAS WAS IST

Es gibt weder die Vergangenheit,
noch die Zukunft.
Aber zwischen diesen beiden Nichtexistenzen
existiert der Verstand.
Von daher das Elend.

Im Verstand leben heißt im Elend leben,
in Verzweiflung und in der Hölle.
Der Verstand ist die Hölle.
Mach dir das auf der Stelle klar.
Und dann öffnet sich etwas Neues:
Das ist die Gegenwart.

Nun öffnet sich Das-was-Ist.
Und die Gegenwart ist die einzige Existenz.
Oder *die* Existenz.
Sei in ihr, und du bist befreit.
Lebe in ihr, und die Glückseligkeit ist da.

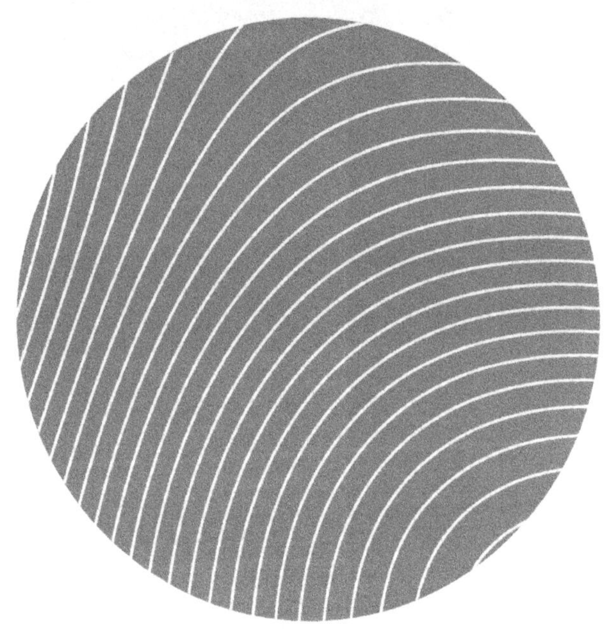

41 | ÖFFNE DICH

Verschließe dich nicht dem Universum.
Öffne all deine Türen und Fenster.

Und lass alles ungehindert rein und raus –
raus und rein.

Nur dann kann dir die Wahrheit zuteil werden.

42 | WAHNSINN

Ohne verrückt zu werden,
ist noch nie etwas Großes geleistet worden.

Das heißt, ohne die gewöhnliche
Bewusstseinsebene zu durchbrechen
und die darunter verborgenen Kräfte zu entfesseln –
sowie in das Reich darüber einzudringen.

Das mag zwar für keine anderen Großtaten gelten,
aber für Meditation gilt es absolut.

Meditation heißt Wahnsinn – mit Methode, versteht sich!

43 | EINSICHT STATT ANSTRENGUNG

Meditation erfordert Einsicht und keine Anstrengung.
Denn Einsicht ist wesentlich, Anstrengung nicht.

Denke also stets daran,
dass Einsicht durch keinerlei Anstrengung zu ersetzen ist.

Doch was meine ich mit Einsicht?
Damit meine ich, ein natürliches Leben zu führen.

Freilich kann man nicht versuchen, natürlich zu sein.
Das ist widersprüchlich.
Man kann zwar natürlich *sein,*
aber nicht *versuchen,* natürlich zu sein.
Verstehst du das?

Suzuki erzählt folgende Geschichte:

Ein Mönch fragte einst den alten chinesischen Meister:
„Was ist der Weg?"
Der Meister erwiderte:
„Das Natürliche … das Gewöhnliche ist der Weg.
„Wie aber", fuhr der Mönch fort,
„soll ich mich auf ihn einstimmen?"
„Wenn du es *versuchst*",
erwiderte der Meister, „verfehlst du ihn."

Heißt dies, dass man es nicht versuchen sollte?
Nein – denn auch das ist ja eine Art Versuch!
Indirekt zwar, aber nach wie vor absichtlich.
Auch das bringt nichts.

Erkenne einfach klar das Dilemma – und du hast es raus.

Oder etwa nicht?

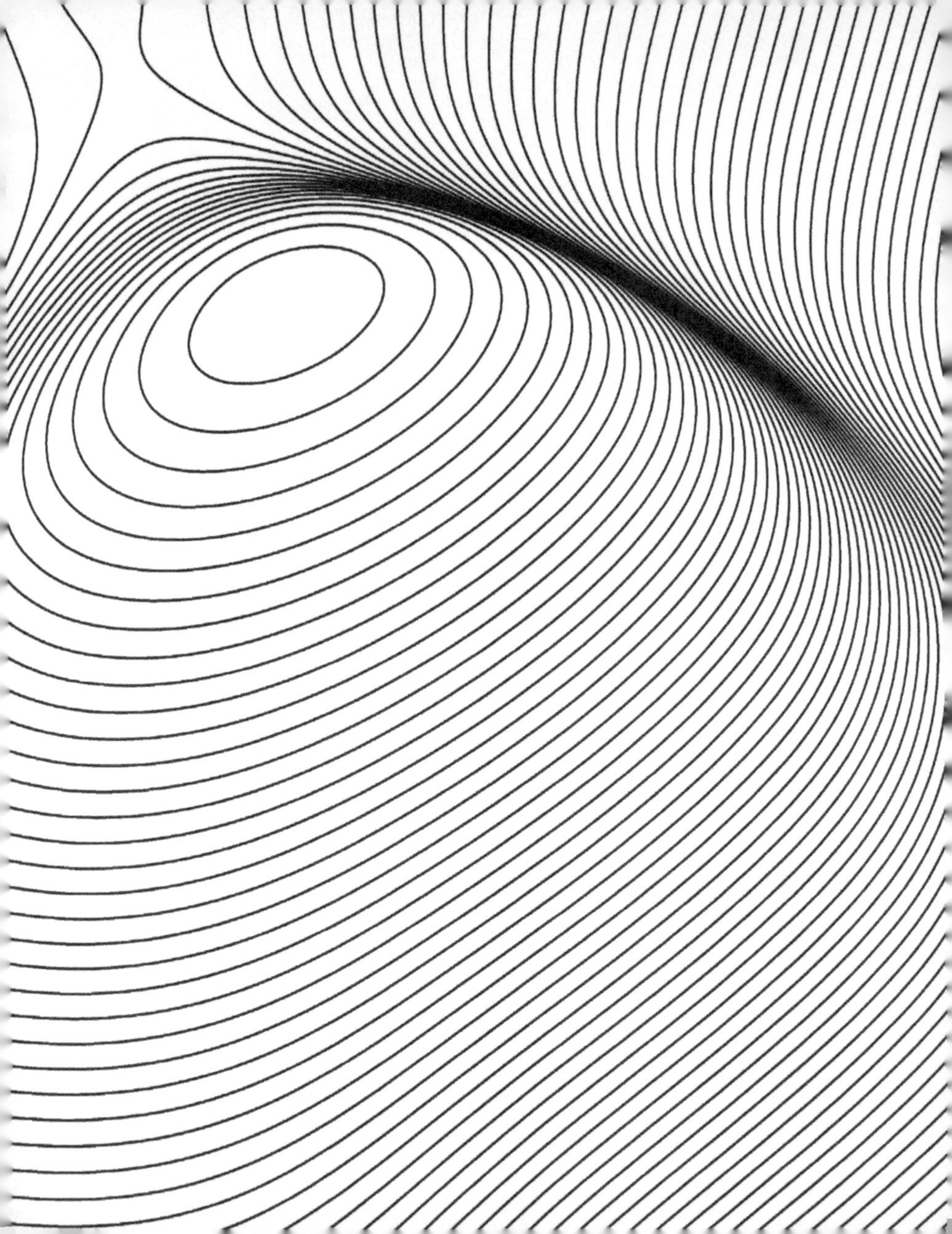

BEHANDLE DAS BEWUSSTSEIN NICHT WIE EINE ANGELEINTE KATZE.

44 | JENSEITS VON WISSEN

Meditation ist jenseits von Wissen.
Du kannst sie zwar *leben* – aber nicht kennen.

Alles Wissen ist oberflächlich.
Es kommt stets von außen.

Alles Wissen ist *über* etwas –
doch niemals das Eigentliche.

Als der chinesische Kaiser Wu
den Meister Bodhidharma mit der Frage empfing:
„Was ist die absolute heilige Wahrheit?“,
erwiderte Bodhidharma lachend:
„Von wegen heilig, Herr, nichts als die reine Leere.“

Das schockierte Wu natürlich, aber er hakte nach:
„Und wer steht dann hier vor mir und provoziert mich?“
Bodhidharma erwiderte nur: „Das weiß ich nicht!“

Siehst du, wie schön das ist?

Und wie wahr? Und wie unschuldig?
Und wie heilig? Und wie voll?

Und wie absolut unübertroffen.

45 | EIN GESCHMEIDIGES BEWUSSTSEIN

Denken bedeutet Bewusstsein – irgendwo.
Zentriert. Fokussiert. Und verspannt!

Meditation bedeutet Bewusstsein – nirgendwo.
Und wenn es nirgendwo ist, ist es überall.
Dezentralisiert. Unfokussiert. Und *un*verspannt.

Denken ist von Natur aus Agonie.
Meditation: Ekstase.

Behandle das Bewusstsein nicht
wie eine angeleinte Katze.
Solch eine Behandlung oder Misshandlung
führt zum Denken.

Das Bewusstsein muss sich selbst überlassen bleiben.
Mit absoluter Bewegungsfreiheit und seiner Natur gemäß.
Verorte es nicht.
Unterteile es nicht.

Dies ist im Kern meine Disziplin der Nichtdisziplin.

Bewahre dir die absolute Geschmeidigkeit
deines Bewusstseins.
Und dann wirst *du* nicht *sein.*
Und wenn *du* nicht *bist* und nur das Bewusstsein *ist,*
öffnet sich dir erstmals das Tor zum Göttlichen.

... DANN ÖFFNET SICH DIR
ERSTMALS
DAS TOR ZUM GÖTTLICHEN.

ÜBER OSHO

OSHOS LEHREN widerstehen jeglicher Kategorisierung, sie reichen von der persönlichen Sinnsuche bis hin zu den dringendsten sozialen und politischen Fragen, mit denen die Welt heute konfrontiert ist. Seine Bücher wurden aus zahllosen Tonband- und Videoaufnahmen transkribiert. Er hat über einen Zeitraum von 35 Jahren vor einer internationalen Zuhörerschaft stets aus dem Stegreif gesprochen. Er sagte: „Denkt daran, was immer ich sage, ist nicht nur für euch … ich spreche auch für die kommenden Generationen."

DER LONDONER Sunday Times zufolge zählt Osho zu den „1000 Machern des 20. Jahrhunderts"; der amerikanische Romanautor Tom Robbins hat ihn einmal „den gefährlichsten Mann seit Jesus Christus" genannt. Sunday Mid-Day (Indien) hat Osho als einen der zehn Menschen bestimmt, die das Schicksal Indiens verändert haben – wie Gandhi, Nehru und Buddha.

OSHO SELBST BESCHREIBT sein Werk als „Beitrag, die Voraussetzungen für die Entstehung einer neuen menschlichen Lebensweise zu schaffen". Diesen neuen Menschentypus hat er immer wieder als „Sorbas der Buddha" umschrieben – also einen Menschen, der nicht nur wie Sorbas der Grieche die irdischen Freuden zu schätzen weiß, sondern ebenso sehr die stille Heiterkeit eines Gautam Buddha.

WIE EIN ROTER FADEN zieht sich durch alle Aspekte von Oshos Arbeit die Vision einer Verschmelzung der zeitlosen Weisheit des Ostens mit den höchsten Potenzialen westlicher Wissenschaft und Technik. Vor allem seine revolutionären Ansätze zur Wissenschaft der inneren Transformation haben Osho berühmt gemacht. Seine innovativen „aktiven Meditationen" basieren auf dem Gedanken, dass erst der in Körper und Geist angesammelte Stress abgebaut werden muss, um, frei von Gedanken und entspannt, einen meditativen Zustand zu erfahren.

www.osho.com

DAS OSHO INTERNATIONAL MEDITATION RESORT

LAGE: Etwa 120 Kilometer südöstlich von Mumbai, in der prosperierenden Stadt Pune gelegen, ist das Osho International Meditation Resort ein Urlaubsort der besonderen Art. Das Gelände erstreckt sich über ca. 15 Hektar inmitten eines von alten Baumalleen gesäumten Villenviertels.

BESONDERHEIT: Jedes Jahr empfängt das Ressort Tausende Menschen aus über 100 Ländern. Auf dem Campus gibt es die Möglichkeit, direkt Erfahrungen mit einem anderen Lebensstil zu machen - durch mehr Bewusstheit, Entspannung, Festivitäten und Kreativität. Es gibt eine Vielzahl an Programmen die rund um die Uhr und über das ganze Jahr hin angeboten werden. Nichts zu tun und zu entspannen, ist eine davon. Alle Programme gründen auf Oshos Vision von „Sorbas, dem Buddha" - einer qualitativ neuen Art von Mensch, der nicht nur sein Alltagsleben schöpferisch zu gestalten vermag, sondern auch Zugang zu entspannter Stille und Meditation findet.

MEDITATIONEN: Es werden täglich und regelmäßig Meditationen unterschiedlichster Art angeboten - aktive und passive Methoden, traditionelle und revolutionäre, und ganz besonders natürlich, die von

Osho entwickelten Aktiven Oho Meditationen. Sie alle finden in der wahrscheinlich weltgrößten Meditationshalle, dem Osho Auditorium, statt.

MULTIVERSITY: Hier kann man Einzelsitzungen, Kurse und Trainings zu unterschiedlichen Themen buchen – von den bildenden Künsten bis hin zu ganzheitlichen Heilmethoden, von persönlicher Transformation bis hin zu Therapie, esoterischer Wissenschaft, Sport- und Fitnessprogrammen mit Zen-Akzent. Das Geheimnis des Erfolgs der Multiversity, liegt darin, dass alle Programme immer mit Meditation verknüpft sind, um das Verständnis zu fördern, dass wir menschlichen Wesen mehr sind als die Summe aller Teile.

BASHO SPA: Das luxuriöse Spa hat einen großzügigen Pool unter freiem Himmel umsäumt von Bäumen und tropischem Grün. Das weitläufige Jacuzzi, Sauna, Gym, Tennisplatz … all diese Plätze liegen in einer ausgesprochen ästhetisch gestalteten Anlage.

KÜCHE: Es gibt stets eine Auswahl köstlicher vegetarischer Gerichte in westlicher, asiatischer und indischer Ausrichtung. Das Meiste davon wird für das Ressort organisch angebaut. Brot und Kuchen werden in der hauseigenen Bäckerei gebacken.

NACHTLEBEN: Die Nummer 1 der Abendveranstaltungen ist das Tanzen, neben Vollmond-Meditationen unterm Sternenhimmel, Varietétheater, Musikveranstaltungen und Meditationen. Man kann auch Leute am Plaza Café treffen oder einen Spaziergang durch die Gärten in dieser märchenhaften Umgebung machen.

INFRASTRUKTUR: Alle wesentlichen Dinge kann man in der Galeria einkaufen. In der Multimedia Gallery bekommt man alle Osho Media Produkte. Es gibt eine Bank, ein Reisebüro und ein Internetcafé auf dem Campus. Für alle die gerne auf Shoppingtour gehen: Man findet in der Stadt sowohl gute traditionelle Produkte, wie auch weltbekannte Markenläden.

UNTERBRINGUNG: Man kann sich im eleganten Osho Guesthouse einmieten oder sich für längere Aufenthalte zum Living-In Programm anmelden. Zusätzlich gibt es noch zahlreiche Hotels und Appartements in der direkten Umgebung.

www.osho.com/resort
http://www.youtube.com/OSHOinternational
http://www.Twitter.com/OSHO
http://www.facebook.com/pages/OSHO.International

Osho

ABENDMEDITATIONEN

Texte zum Tagesausklang

392 Seiten | Integralband mit Lesebändchen

ISBN 978-3-947508-51-8